BEI GRIN MACHT SICH IHR WISSEN BEZAHLT

Bibliografische Information der Deutschen Nationalbibliothek:

Die Deutsche Bibliothek verzeichnet diese Publikation in der Deutschen National-
bibliografie; detaillierte bibliografische Daten sind im Internet über http://dnb.d-
nb.de/ abrufbar.

Impressum:

Copyright © 2013 GRIN Verlag, Open Publishing GmbH
Druck und Bindung: Books on Demand GmbH, Norderstedt Germany
ISBN: 978-3-668-15275-5

Dieses Buch bei GRIN:

http://www.grin.com/de/e-book/315457/systembedingte-marginalisierung-von-
jungen-geschlechtsspezifische-diskriminierung

Dipl. Soz. Päd. (FH) Gerhard S. Müller

Systembedingte Marginalisierung von Jungen. Geschlechtsspezifische Diskriminierung im Bildungssystem

GRIN Verlag

FernUniversität Hagen

MA Soziologie Modul 5b

Individualisierungsphänomene in Arbeits- und
Organisations-gesellschaften

Hausarbeit

Systembedingte Marginalisierung von Jungen

- Geschlechtsspezifische Diskriminierung im Bildungssystem

Dipl.-Soz.Päd. (FH)

Gerhard S. Müller

WS 2012/13

Inhalt

1. Einleitung

In PISA-Studien und Bildungsberichten werden seit Jahren Defizite im deutschen Bildungssystem aufgezeigt. Die aktuelle Forschung sucht nach Lösungsansätzen zur Verbesserung und analysiert dabei die Möglichkeiten der strukturellen Umgestaltung, aber auch gezielter Hilfen. Immer wieder werden tiefgreifende Veränderungen, bzw. eine durchgängige Umstrukturierung zu einem komplett neuen Bildungssystem, gefordert.

Diese Arbeit soll die geschlechtsspezifische, soziale Ungleichheit in der Bildungsorganisation beleuchten und die damit verbundenen negativen Auswirkungen auf deren Teilnehmer herausarbeiten. Der Fokus ist auf die Organisationsstruktur des Bildungssystems mit ihrem Einfluss auf die Akteure gerichtet. Besonders strukturbedingte Gründe der Ungleichheit sollen dabei beleuchtet werden.

Im nachfolgenden Kapitel werden neuere theoretische Grundlagen zur sozialen Ungleichheit aufgezeigt. Außerdem wird die grundlegende Struktur der Bildungsorganisation Schule und die in Verbindung zur sozialen Ungleichheit bestehende Mechanismen beleuchtet.

Im dritten Kapitel wird, anhand von Daten aus Bildungsberichten, herausgearbeitet, dass in den letzten Jahrzehnten das Pendel der geschlechtsspezifischen Ungleichheit in die entgegengesetzte Richtung, von den benachteiligten Mädchen zur Gruppe der Jungen, ausgeschlagen hat. Es wird belegt werden, inwieweit Jungen von Ungleichheit im Bildungssystem betroffen sind und dadurch in der Verwirklichung ihrer Lebenschancen benachteiligt werden. Außerdem soll erarbeitet werden, an welchen Stellen des Bildungssystems bzw. der Organisationen, soziale Ungleichheit hergestellt, aufrechterhalten oder verstärkt wird und an welchen Entscheidungsstellen in der Schule diese Unterschiede auftreten. Es wird beleuchtet, inwieweit speziell Jungen einer institutionalisierten Diskriminierung unterliegen und wie *„Mechanismen der institutionellen Diskriminierung"* (GOMOLLA/ RADTKE 2002, 263), bezogen auf die Geschlechter, aussehen können.

In den letzten Kapiteln werden Erklärungsansätze für die erarbeiteten Erkenntnisse aufgezeigt, mögliche Lösungsansätze erörtert und abschließend ein Fazit gezogen.

2. Theoretische Grundlagen

2.1 Soziale Ungleichheit

Soziale Ungleichheit entsteht unter anderem durch die Exklusion aus den Teilsystemen unserer funktional differenzierten Gesellschaft. Die Teilhabe ist verbunden mit relevanten Ressourcen, wie Zertifikate aus dem Bildungssystem, Versorgungsleistungen im Gesundheitssystem oder Geld für Güter aus dem Wirtschafts- bzw. Arbeitssystems, die diese Teilsysteme zur Verfügung stellen. Der Erhalt oder der Nichterhalt dieser Ressourcen beeinflussen die Möglichkeiten der Akteure und damit in großem Maße ihre Lebenschancen (vgl. BURZAN, 8). Besonders das Bildungssystem hat sich in den industrialisierten Ländern, zu denen auch Deutschland zählt, zu einem entscheidenden System für die Entwicklung bzw. Aufrechterhaltung von sozialer Ungleichheit entwickelt, da eine Teilhabe an diesem Teilsystem weitreichende Auswirkungen auf die Teilhabemöglichkeit in anderen Teilsystemen der funktional differenzierten Gesellschaft hat. Eine Teilexklusion aus dem Bildungssystem, dies ist mit dem „nur" Erreichen eines Hauptschulabschlusses oder dem Abgang ohne Schulabschluss schon gegeben, schafft eine Exklusion aus weiten Bereichen des Arbeits- und Wirtschaftssystems und als Folge auch aus anderen Teilsystemen.

Diese Entwicklung, der zunehmenden Bedeutung des Bildungssystems, setzt sich seit Jahrzehnten fort. Früher war es möglich, ohne lesen zu können, oder einen Schulabschluss zu besitzen, seinen Lebensunterhalt zu sichern. Später war es notwendig, einen Hauptschulabschluss vorzuweisen, um die Eintrittskarte für eine Ausbildung zu haben. Heute ist die Hauptschule eher ein Austrittszertifikat mit dem Hauptschulabsolventen zu Unausgebildeten degradiert und damit gesellschaftlich marginalisiert werden. Diese ständig steigende schulische Notwendigkeit enthält Leistungsanreize und Disziplinierungsmöglichkeiten, aber auch das steigende Risiko, der Abhängigkeit vom Zensururteil der Lehrerkräfte, das eine immer größere existenzielle Bedeutung zur Erreichung von Lebenschancen erhält (vgl. BECK, 245ff).

Becks Theorien folgen der These, dass in der fortgeschrittenen, oder auch zweiten Moderne, die gesellschaftliche Produktion von Reichtum, nicht ohne die gesellschaftliche Produktion von Risiken, von statten geht. Er beschreibt dies als einen Logikwechsel von der Reichtumsverteilung der Mangelgesellschaft hin, zur Risikoverteilung in der entwickelten Moderne.

Die Risiken in der zweiten Moderne sind Zivilisationsrisiken und keine natürliche Gefahren. In der zweiten Moderne dominiert die Risikoproduktion und Risikoverteilung über die Reichtumsproduktion (vgl. BECK, 17). Außerdem beobachtet er die Individualisierungsentwicklung der letzten Jahrzehnte und bildet folgende Individualisierungsbereiche heraus:

Die Individualisierung durch Freisetzung aus den traditionellen Bindungen, also aus Klassen, oder festgelegten Geschlechterrollen und damit aber auch der Wegfall von bisher festen, orientierungsgebenden Handlungsmustern, Werte und Normen. Aber auch die Notwendigkeit zur Reintegration durch soziale Einbindung mit der Teilnahme an Bildungsinstitutionen, dem Arbeitsmarkt, Konsum und Medien. Die Folgen sind zwar mehr Freiheit, aber auch mehr Unsicherheit, mehr Wahlmöglichkeit, aber auf der anderen Seite auch Entscheidungszwang und die Notwendigkeit jede soziale Lage individuell verarbeiten zu müssen. Diese Unsicherheit und der Entscheidungszwang herrschen auch bei den Wahlmöglichkeiten im Bildungssystem vor. Jeder Einzelne trägt die Risiken für eine gelingende Schulkarriereplanung und bei einem Scheitern auch die Konsequenzen, Konsequenzen von eigenen falschen Entscheidungen, aber auch die Konsequenzen der institutionellen Diskriminierung im Bildungssystem. Diese Machtstellung des Bildungssystems und der dadurch resultierenden Überbewertung von Abschlüssen und Zertifikaten, führt in die Marginalisierung „Zertifikatsloser" (vgl. BECK, 205-219).

Auch in Bourdieus Theorie wird der Bildung eine Schlüsselstellung zugewiesen. Im Raum der sozialen Positionen ist die Ausweitung des Kapitalbegriffs bedeutsam. Eine soziale Position ist abhängig vom Kapital. Bourdieu unterteilt in drei Kapitalarten. Zum einen in das ökonomische Kapital, welches Eigentum und Vermögen umfasst und zum Zweiten in das soziale Kapital, dass durch vorhandene Beziehungsnetzwerken wirksam ist. Als dritte Kapitalart nennt er das kulturelle Kapital, welches er nochmal weiter unterteilt. In das inkorporierte Kapital der Bildung und des Wissens, in das objektivierte Kapital der kulturellen Güter und in das institutionalisierte Kapital der Titel und Zertifikate. Diese Kapitalformen sind in der Gesellschaft ungleich verteilt und gliedern, nach Ausmaß der Ressourcen, die Gesellschaftsmitglieder in drei Klasen, in die Volksklasse bzw. die Beherrschten, also die Arbeiterklasse oder Landarbeiter, in die Mittelklasse und in die herrschende Klasse.

Die Klassenzugehörigkeit drückt sich in einer typischen Handlungsweise aus. Der Raum der sozialen Positionen und der Raum der Lebensstile sind durch den Habitus miteinander verknüpft. Dass Aufwachsen innerhalb der jeweiligen Klassen lässt bestimmte Habitusformen mit eigenen Denk-, Wahrnehmungs- und Bewertungsmuster entstehen (vgl. BURZAN, 110ff). Inkorporiertes und institutionalisiertes Kapital mit Bildung, Zertifikate und Titeln, drücken die Bedeutung der Bildungsorganisation aus, welche im nächsten Kapitel beleuchtet wird.

2.2 Bildungsorganisation

Das vorherige Kapitel zeigt die hohe Relevanz zur Teilhabe am Bildungssystem für Akteure auf. Der Erhalt oder Nichterhalt von Zertifikaten im Bildungssystem hat Auswirkungen auf die Teilhabe am Wirtschaftssystem, der Forschung oder der Politik. Eine Exklusion aus dem Bildungssystem hat gravierende negative Folgen für die Akteure in anderen Teilsystemen. Der strukturelle Aufbau des Schulsystems in Deutschland ist in den Bundesländern nicht einheitlich, da aufgrund der eigenen Kulturhoheit der Länder, unterschiedliche Ausprägungen vorhanden sind. In allen Ländern einheitlich geregelt sind der Elementarbereich Kindergarten, Kindertageseinrichtungen und der Primärbereich Grundschule und Förderschule. Aber schon im Sekundärbereich I machen sich die Unterschiede bemerkbar. In Ländern wie Baden Württemberg ist das, auf Selektion beruhende, dreigliedrige Schulsystem mit Hauptschule, Realschule und Gymnasium etabliert. Dagegen dominiert in Hessen die integrierte Gesamtschule, mit integriertem Stufenaufbau bei denen die verschiedenen Schularten zu einer Schuleinheit zusammengefasst sind. Diese Form findet in Baden-Württemberg sukzessiv als Parallelform Einzug in die Bildungslandschaft. Allen gemein ist aber die Selektion in verschiedene Sonderschulformen, wie Lernbehinderten- oder Erziehungshilfeschulen (vgl. AUTORENGRUPPE BILDUNGSBERICHTERSTATTUNG nachfolgend AB abgekürzt, 2012, IX).

Die institutionelle Ordnung und damit die Verfahrensregeln und Verhaltensnormen im Zusammenwirken der Akteure in der schulischen Bildung in Deutschland besitzen folgende Merkmale:

1. Der hauptsächlichen Zielperspektive für die Akteure im Schulsystem zur Herausbildung von gebildeten Persönlichkeiten, die eine eigene Autonomie erreichen.

4

2. Der politischen Steuerung und Finanzierung, die mit eigener Länderhoheit durch die Bundesländer und Kommunen erfolgt.

3. Der Organisation der Lernprozesse, die aufgrund der eigenen Organisation, praxisenthoben und vom Alltagsleben entkoppelt ist.

4. Der Lehrerschaft, die als professionalisiertes Personal im öffentlichen Dienst verortet ist (vgl. BAETHGE, 278).

Gerade die Verfahrensregeln und Verhaltensnormen bergen die Gefahr der institutionellen Diskriminierung. Die Kommunikation der systemeigenen Codes im Bildungssystem, fördert die eigenen Interessen. So sind institutionell hervorgerufene, diskriminierende Entscheidungen den Erfordernissen des Machterhalts oder der Sicherung der eigenen Interessen der Institutionen geschuldet, so wird in Gymnasien zur Abgrenzung zu Realschulen entschieden, in Hauptschulen zur Sicherung des eigenen Fortbestandes oder in allen Schulen, um vorhandene Züge füllen bzw. bei nicht vorhandenen Zügen, Schüler abschieben zu können.

In den skandinavischen Systemen und in Kanada (vgl. Kapitel 4), ist dies aufgrund der gesamtinklusiven Unterrichtsform, bei dem alle Schüler an einer Schule gehalten werden und nur intern durch zusätzliche Förderung „separiert" werden, nicht möglich. Schulleitung, Lehrkräfte und Schulpsychologen sind dazu verpflichtet, jeden Schüler durch die Schule zu bringen, zwar mit Hilfe vielfältiger integrierter Fördermöglichkeiten und erforderlichem Personal, aber ohne die Möglichkeit einer Abschiebung in Real-, Haupt-, Förder-, Behinderten- oder Erziehungshilfeschulen.

3. Geschlechtsspezifische Ungleichheit im Bildungssystem

Ungleichheit im Bildungssystem ist kein neuer Blickwinkel. Seit den 50er Jahren ist die Förderungsnotwendigkeit von Mädchen angezeigt und durch strukturelle Programme umgesetzt worden. Bis heute wurden weitreichende Verbesserungen zur Teilhabe von Mädchen im Bildungssystem erreicht.

Wurde dadurch der Blick auf die Situation der Jungen verstellt?

Nachfolgend soll der Fokus auf geschlechtsspezifische Unterschiede gerichtet werden, die mittlerweile umgeschlagen sind, in eine sichtbare Benachteiligung von Jungen. In den beiden nachfolgenden Kapiteln werden Daten aufgezeigt, hauptsächlich aus den Bildungsberichten 2008-2012, die den immensen, geschlechtsspezifischen Unterschied im Bildungssystem deutlich machen und auch eine institutionelle Diskriminierung belegen sollen.

3.1 Datenanalysen im schulischen Bereich

Im Jahre 2008 verließen 1,5mal mehr Jungen als Mädchen ohne einen Abschluss die Schule, und auch bei den Absolventen der Hauptschule besteht ein 1,3mal höherer Anteil von Jungen. Selbst wenn der Ausländeranteil herausgerechnet wird, bleibt das Ergebnis gleich. Es handelt sich also deutlich um eine geschlechtsspezifische Problematik (AB 2010, D7-A4, eigene Ber.). Dasselbe Bild spiegelt die Bevölkerung 2010 wieder. In der Gruppe der 15-25 jährigen beläuft sich der männliche Anteil mit Hauptschulabschluss auf 38,4%, gegenüber dem weiblichen mit nur 24,9%. Auch hier sind Männer mit einem 1,5mal höheren Anteil vertreten.

Auf der anderen Seite, beim Hochschulabschluss, zeigt sich die Ungleichheit, nur mit umgekehrten Vorzeichen. Im Bevölkerungsanteil der 15-25 jährigen haben 53,2% Mädchen und nur 42,2% der Jungen einen Hochschulabschluss erreicht, also 1,26mal mehr Mädchen (AB 2012, B5-A1, 236, eigene Ber.). Das gleiche Bild ergibt sich aus den Daten von 2008. In diesem Jahr erreichten 1,3mal mehr Mädchen im Vergleich zu Jungen die allgemeine Hochschulreife (AB 2010, D7-4A9, 270, eigene Ber.). Dabei besuchen Mädchen aus Elternhäusern mit hohem sozio-ökonomischen Status und einem Elternteil mit Abitur zu 96% das Gymnasium (vgl. GEORG, 11). Weiterhin sind Mädchen, und dies mit steigender Tendenz, bei den Abschlüssen mit Hochschulreife deutlich überrepräsentiert und bei Hauptschulabschlüssen unterrepräsentiert. Somit gibt es auch in den neueren PISA-Studien keine Anzeichen, dass sich die erhebliche Lücke zwischen den Geschlechtern schließen würde (vgl. KLIEME, 11+16).

Die Entwicklung der Studienberechtigungsquote von 1995 -2010 zeigt zwar, dass beide Geschlechter eine positive Entwicklung vorweisen können und dabei eine Steigerung um 10,3% bei Männern und 15,2% bei Frauen erreichten. Doch lag die Differenz zwischen männlichen und weiblichen Studienberichtigten schon 1995 bei 3,4% und stieg im Jahr 2010 weiter auf 8,3% an. Die Entwicklung ist zwar in der Gesamtsicht positiv, doch hat sich die Schere der Ungleichheit zwischen den Geschlechtern im Vergleich zu 1995 um das 2,4fache zu Ungunsten der männlichen Studienberechtigten geöffnet und damit mehr als verdoppelt (vgl. AB 2012, 295 und 2010, 288, eigene Ber.).

Studienberechtigtenquote 1995-2010 nach Geschlecht in Prozent

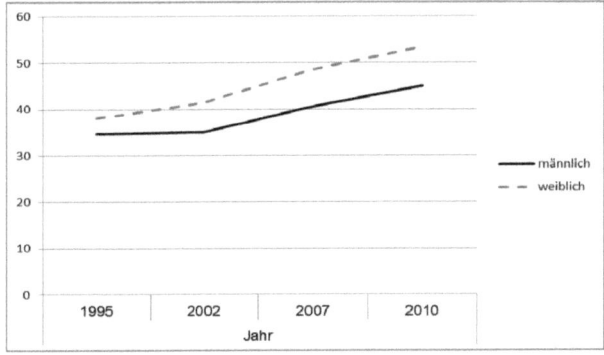

(Quelle: AB 2012, Tabelle F1-2A, 295 und AB 2010,Tab. F1-1A, 288, eigene Ber., eigene Darstellung)

Der seit Jahren bestehende Unterschied in der Bildungskompetenz zwischen den Geschlechtern ist auch im Jahr 2006 weiterhin eindeutig sichtbar. In der Lesekompetenz liegen Mädchen drastisch vor den Jungen, die im Gegenzug bei der Mathekompetenz deutlich besser als Mädchen abschneiden. Der Unterschied ist aber nicht gleich hoch ausgeprägt. Der Vorsprung der Mädchen bei der Lesekompetenz ist 2,1-mal höher als der Vorsprung der Jungen in der Mathekompetenz (vgl. AB 2008, 269, D6-4A, eigene Ber.).

Als Indikatoren für den besseren Bildungserfolg von Mädchen, bzw. dem Defizit der Jungen, dienen auch die Anteile der Schulrückstellungen, also die verspäteten Einschulungen. Jungen werden mit 5,9% deutlich häufiger zurückgestollt als Mädchen, die mit 3,5% um 1,7mal weniger zurückgestellt werden (AB 2008, 251, C4-3A, eigene Ber.). Auch die Wiederholerquoten zeigen eine deutliche Diskrepanz der Geschlechter. Betrachtet man die Wiederholerquoten alle Schularten zusammen, haben im Schuljahr 2006/07 Jungen 1,4mal häufiger die Klasse wiederholt als Mädchen. Differenziert nach Schularten ergibt sich ein ähnliches Bild. Im Gymnasium wiederholten Jungen 1,7fach häufiger und in der Hauptschule 1,25mal häufiger die Klasse, im Vergleich zu den Mädchen (vgl. AB 2008, 259, D2-2A, eigene Ber.).

In allen relevanten Bereichen schneiden die Jungen wesentlich schlechter ab, als Mädchen. Dies mit weniger Leistungsbereitschaft, oder geringerer Intelligenz zu begründen, scheint zu einfach. Der Frage, ob Diskriminierungsmechanismen und andere Ursachen vorliegen, die im Bildungssystem verankert sind und die besonders Jungen betreffen, soll im nächsten Kapitel nachgegangen werden.

3.2 Institutionelle Diskriminierung

Die Bildungsorganisation Schule beinhaltet bereits in der Grundschule wichtige Entscheidungsstellen, die eine erfolgreiche Bildungslaufbahn positiv wie negativ beeinflussen können. Dies beginnt bei der Einschulung, mit der Möglichkeit zur Zurückstellung, aufgrund nicht erreichter Schulfähigkeit, geht weiter über die Überweisung in Sonderschulen, bis hin zur Entscheidung der Sekundarstufen (vgl. GOMOLLA 2009, 94).

Im Schuljahr 2008/09 lag der Anteil der in die Förderschule überführten Jungen 1,7mal höher als der, der Mädchen. Besonders im Förderschwerpunkt „emotionale und soziale Entwicklung" ist der Unterschied immens. Dort lag der Anteil der Mädchen bei gerade einmal bei 14,3%, also 6mal weniger als bei den Jungen (vgl. AB 2010, 253, D2-A4, eigene Ber.). Diese prägnante Differenz könnte durch die Abschiebung von problematischen Jungen aus dem Regelschulsystem zustande kommen und weist auf eine mögliche strukturelle Diskriminierung hin, wenn die als unreif attestierten Jungen, in eine andere Organisation segregiert werden. Diese Segregation ist nicht nur begrenzt auf ein Förderschwerpunkt, oder ein einmaliges zeitliches Vorkommnis, sondern ist über die Jahre 2003- 2010 bezogen, in allen Förderschulen zu beobachten. In diesen Jahren wurden durchschnittlich 1,9mal mehr Jungen, also fast doppelt so viele als Mädchen, in die Förderschule eingeschult (vgl. AB 2012, 251, C5-5A, eigene Ber.). Gerade die sehr hohen Wiederholer-, Schulrückstellungs- und Förderschulquoten bei Jungen, lassen auf eine institutionelle Diskriminierung im System Schule schließen, auch deshalb weil die Diskrepanzen nicht länderspezifisch, sondern in der gesamten Bundesrepublik auftreten.

Im Bildungsbericht 2010 sticht der hohe Anteil von weiblichen Lehrerinnen von 68,7% in Deutschland heraus (vgl. AB 2010, 273, D4-2A).

Aufgrund dieser Auffälligkeit habe ich versucht, diesen hohen weiblichen Lehrkräfteanteil, mit dem auffällig schlechten Abschneiden von Jungen beim Abgang mit oder ohne Hauptschulabschluss im gesamten Bundesgebiet in Zusammenhang zu bringen. Ein Vergleich der einzelnen Bundesländern nach der Höhe des weiblichen Lehrkräfteanteils in Vollzeittätigkeit und dem Abgang von Jungen ohne Hauptschulabschluss, zeigte zwar kein eindeutiges Ergebnis, doch ist eine Tendenz für einen Zusammenhang zwischen einem hohen Anteil von weiblichen Lehrkräften zu einer hohen Jungenanzahl ohne Hauptschulabschluss vorhanden (vgl. STATISTISCHES BUNDESAMT 2011, eigene Ber., siehe Tabellen im Anhang). In 5 von 16 Bundesländern mit einem hohen Anteil von Vollzeitlehrinnen, ist das schlechte Abschneiden von Jungen zu finden, wie auch in 7 von 16 Bundesländern das Abschneiden der Jungen besser ist, wenn der Anteil von weiblichen Lehrkräften gering ist. Nur vier Bundesländer fallen aus der Reihe. Drei haben einen relativ hohen Anteil an männlichen Lehrkräften (hoch heißt hier ein Anteil von ca. 1/3) aber dennoch schlechte Ergebnisse der Jungen. Berlin hat trotz hohem Anteil weiblicher Lehrkräfte eine etwas bessere Erfolgsquote der Jungen.

Noch deutlicher ist die Diskrepanz zwischen männlichen und weiblichen Lehrkräften an den Grundschulen. Dort ist 6,6mal mehr weibliches als männliches Personal bei den hauptberuflichen Lehrkräften zu finden. In der Gesamtlehrerschaft der allgemeinen und beruflichen Schularten in Deutschland, hat der männliche Anteil zwischen 2002 und 2010 weiter abgenommen. Waren im Jahr 2002 noch 37,3% männliche Lehrkräfte an den Schulen vertreten, sank der Anteil bis ins Jahr 2010 auf 33,1% (vgl. AB 2012, D4-1A, 263, eigene Ber.). Aufgrund der aufgezeigten Zusammenhänge geht diese Entwicklung eindeutig in die falsche Richtung. Besondere Aufmerksamkeit und eine Untersuchung der Zusammenhänge zwischen dem schlechten Abschneiden von Jungen und dem hohen weiblichen Lehrkräfteanteil, speziell auch in der Grundschule mit ihrer schulisch besonders prägenden Wirkung, ist notwendig. Auch im Rahmen der ständig geforderten „großen" Umstrukturierung des Schulsystems ist eine nähere Untersuchung von institutioneller Diskriminierung von Jungen von Bedeutung.

Die Beeinflussung des Verhaltens und der Leistungsentwicklung von Schülerinnen und Schüler durch die Leistungserwartung von Lehrkräften ist seit den 60iger Jahren belegt. Dieser sogenannte Pygmalion-Effekt zeigt, dass positiv oder negative stigmatisierte Schüler beiderlei Geschlechts, Leistungsverweigerer, Aggressoren oder Hochmotivierte, von den Erwartungshaltungen des Lehrers zusätzlich beeinflusst und Stigmatisierungen verstärkt werden. Als Folge vergeben Lehrkräfte, im Vergleich zur objektiven ermittelten Intelligenz, zu gute oder zu schlechte Noten (vgl. PEEK/ NEUMANN, 132). Eine andere Folge ist, dass die Betroffenen die Erwartungshaltung der Lehrkräfte internalisieren und das erwünschte oder unerwünschte Verhalten nicht mehr, als beeinflusstes oder eigenes Verhalten, zu unterscheiden ist.

Eine weitere geschlechtsspezifische Ungleichheit, durch die unterschiedliche und letztendlich benachteiligende Beurteilung für Jungen, wird in einem Vergleich zwischen der Leistungsbenotung durch Lehrer und eines Schulleistungstest (HST4/5) festgestellt. Jungen werden objektiver bewertet als Mädchen. Dies bedeutet, Mädchen werden besser benotet, als es ihre Testleistungen vorgeben würden. Jungen bekommen in allen Fächern bei gleicher Kompetenz schlechtere Noten als Mädchen und werden bei gleichen Noten seltener für das Gymnasium empfohlen. Dies deckt sich mit den in Kapitel 3.1 gezeigten Daten aus dem Bildungsbericht 2012. Als Grund für die Bevorzugung von Mädchen der Benotung konnte ein von den Lehrkräften günstig gewertetes Sozialverhalten ausgemacht werden. Von diesem klassisch stigmatisierenden Vorurteil, Jungen stören den Unterricht, Mädchen werden für sozial angepasster gehalten, waren die Lehrkräfte deutlich beeinflusst (vgl. BUDDE/ SCHOLAND/ FAULSTICH-WIELAND, 125+187).

Auch eine, einige Jahre vorher vorgenommene Untersuchung an einer Schule in Hamburg begründete, die häufigere Gymnasialempfehlung mit einer ungleichen Notengebung.

> *„In der Geschlechterfrage zeigt sich, daß die wesentlich häufigere Empfehlung von Mädchen für das Gymnasium ausweislich der Testergebnisse allenfalls teilweise durch ein höheres Leistungsniveau begründet werden kann. (…). Allenfalls gelingt es, den Effekt über die mädchenfreundlichere Notengebung und schulkonformere Einstellungen der Mädchen statistisch zu erklären"* (BSJB, 53).

Die mädchenfreundlichere Notengebung ist nicht nur eine deutsche Feststellung. Auch eine Studie aus der Hebrew University in Jerusalem unterstützt diese These.

> *The magnitude of the bias against male students is relatively large and may harm students first by causing their final scores on some matriculation exams to fall below the passing mark and, thereby, by disqualifying them for a matriculation certificate (LAVY, 29).*

Die Ergebnisse sind in den verschiedenen Studien eindeutig. Mädchen haben nicht grundsätzlich ein höheres Leistungsniveau, wie man auf den ersten Blick annehmen könnte, sondern es besteht eine offensichtliche Ungleichbehandlung, die auch auf organisationsbedingte Strukturen zurückzuführen ist. Die Mechanismen dieser institutionellen Diskriminierung beziehen GOMOLLA/RADTKE zwar auf schulische Diskriminierung von Migrantenkindern, doch haben diese in der Allgemeinheit ihrer Formulierung m.E. auch Gültigkeit für die benachteiligte Gruppe der Jungen. Von Mechanismen der institutionellen Diskriminierung sprechen *GOMOLLA/ RADTKE,*

> *„- wenn regelmäßig von der Organisation Schule vorgenommene (Selektions-) Entscheidungen, die in ihrer eigenen Logik und Pragmatik getroffen werden, ungleiche Wirkungen auf die Schüler haben, und*
>
> *- wenn diese in der Organisation selbst hergestellten Unterschiede durch Merkmale/Eigenschaften, die der benachteiligten Gruppe zugeschrieben werden, mit Sinn ausgestattet werden, und Mechanismen der Diskriminierung erzeugen Darstellbarkeit und Plausibilität für getroffene Entscheidungen mit Hilfe von Unterscheidungen, die in der gesellschaftlichen Umwelt der Organisation (,draußen') für bedeutsam gehalten und deshalb als überzeugend akzeptiert werden."* (ebd. 2002, 275)

Übertragen auf die Gruppe der Jungen bedeutet dies, dass die Diskriminierung aufgrund der Anwendung der gleichen Regeln auf Mädchen wie auf Jungen erfolgt. Dies, obwohl unterschiedliche spezifische Lernvoraussetzungen, bzw. Lernbedingungen für Jungen benötigt würden, um ihnen die gleichen Voraussetzungen wie den Mädchen zu bieten. Diese unterschiedlichen notwendigen Bedingungen werden außer Acht gelassen, und mit notwendiger Homogenität der Klassen begründet (vgl. ebd., 281ff).

Die möglichst homogenen Lerngruppen, die in der Organisation Schule bevorzugt werden, sollen ermöglichen, dass ganze Klassen wie ein Schüler zu unterrichten sind. Darauf ist die Gestaltung des Unterrichts in der Didaktik und Methodik ausgerichtet. Die notwendigen institutionellen Selektionsmechanismen sind installiert und Zurückstellungen aufgrund von Reife-und Entwicklungsverzögerungen der Akteure können begründet werden. Doch sind sie nichts weiter als ein Steuerungsmittel nach dem internen Code des

Schulsystems. Diese Eigenrationalität dient der Erhaltung der Klassengrößen, der Mehrzügigkeit, der Klassenhomogenität oder dem Erhalt einer vorhandenen Vorbereitungsklasse (vgl. GOMOLLA/ RADTKE 2002, 258). Organisations- und Bestandsinteressen der schulischen Einrichtung sind wesentliche Ursachen für institutionelle Diskriminierung. In allen Schulen werden diese Eigeninteressen vertreten. Erklärungen werden nach der Diskriminierung bei den Opfern gesucht (Reife und Entwicklungsverzögert, ADHS, häusliches Umfeld), die Gewinne (Mehrzügigkeit, kleinere der größere Klassen, Schulerhalt) bei den Tätern ausgeblendet (vgl. ebd., 265).

4. Erklärungsansätze

Die Daten aus Kapitel 3 zeigen in einer überraschenden Deutlichkeit die geschlechtsspezifischen Unterschiede und geben mit dem Bezug zu institutionellen Mechanismen schon erste Erklärungsansätze für die Benachteiligung von Jungen im Schulsystem. In diesem Kapitel soll die institutionelle Diskriminierung beleuchtet werden. Eine Unterscheidung zwischen direkten Ursachen mit direkten Folgen, oder aber institutionelle Mechanismen als direkter Auslöser der Folgen, bzw. deren Verstärker, ist schwer zu treffen.

Eine Ursache könnte die Bewertung der Sprachkompetenz sein. Diese wird aus historischer Entwicklung zur Herrschaftssicherung seit der Gründung des Deutschen Reiches, in Deutschland höherbewertet, als andere Kompetenzen. *GOGOLIN* bezeichnet dies als *„monolingualen Habitus"* (ebd., 76). Diese Monolingualität ist noch heute an den Schulen fest verankert. Dies wird Migrantenkindern mit zweiter dominierender Muttersprache, aber auch besonders für Jungen deren Sprachkompetenz in der Regel schlechter ausgeprägt ist als die der Mädchen, zum Nachteil. Durch die Überbewertung dieser Einzelkompetenz sind Jungen häufig von Anfang an, in ihrer Schullaufbahn benachteiligt. Oft mit Folgen für ihre weiterführende Schullaufbahn und damit in der Verwirklichung ihrer Lebenschancen. Die Verhaltensauffälligkeiten von Jungen und das damit häufig verbundene Versagen in der Schule, werden auch der Schule zum Vorwurf gemacht. Sie vernachlässige nonverbale Formen der Lernvermittlung, setze darüber hinaus den anderen ungeschliffenen Wortschatz von Jungen herab und übersteigere damit die Anforderungen an die sprachliche Ausdrucksfähigkeit von Jungen. Außerdem überfordere die Feinmotorik beim Schreiben die Jungen und würde so einen Beitrag zum Motivationsverlust leisten (vgl. SCHREIBER-KITTL/ SCHRÖPFER, 150ff).

Eine weitere Ursache wird in den genetischen Einflüssen gesehen. Durch die kompliziertere Embryonalentwicklung von Jungen, entwickeln diese sich nach der Geburt langsamer als Mädchen. Aufgrund der zeitversetzten Entwicklung starten Jungen deshalb, im durchschnittlichen Vergleich zu den gleichaltrigen Mädchen, mit schlechteren Voraussetzungen (vgl. OER-TER 1995, 249ff). Am deutlichsten ist dies bei der pubertären Entwicklung, die bei Mädchen in der Regel 1-2 Jahre früher einsetzt als bei Jungen, zu sehen.

Auch die verschiedenen, geschlechtsspezifischen Lernstrategien von Jungen und Mädchen können ein Grund für den unterschiedlichen schulischen Erfolg sein. Jungen fühlen sich in wettbewerbsorientierten Lernsituationen wohler als Mädchen. Sie wenden in stärkerem Maße verstehensorientierte Konzepte zur Verarbeitung neuer Informationen (Elaborationsstrategien) an. Mädchen hingegen setzen in häufiger Memorierstrategien ein, also auswendig lernen und reproduzieren und bevorzugen kooperative Lernformen mehr, als Jungen (vgl. ARTELT/ BAUMERT, 60ff). Der Schwerpunkt des deutschen Bildungssystems liegt immer noch auf Wiederholungs- und Memorierungslernen und dies in einen, von pädagogischer Seite geforderten, konkurrenzvermeidenden Lernumfeldes. Das schlechte Abschneiden der Jungen könnte durchaus an diesem, an die bevorzugten Lernformen der Mädchen angepassten Systems, liegen.

Verstärkend könnte wirken, dass deutlich mehr weibliche Lehrkräfte unterrichten, die durch eine weniger objektive Bewertung den Geschlechtern gegenüber, Jungen benachteiligen und dadurch für Mädchen einen institutionell produzierten Vorteil schaffen. Dabei kann sich ein ähnlich erworbener Habitus des Großteils der Lehrerschaft genauso negativ auswirken, wie die unterschiedliche, geschlechtsspezifische Sozialisation der weiblichen und männlichen Lehrkräfte. Zum einen zementiert ein ähnlicher Habitus von Lehrkräften eine institutionelle Handlungsweise und der Bewertung für das „Gute", nämlich dem ruhigen angepassten Verhalten. Auf der anderen Seite kann die unterschiedliche geschlechtliche Sozialisation bewirken, dass Lehrerinnen in Anlehnung an ihre eigene Sozialisation, mit dem unruhigen elaborationsgeprägten Lernstil, der heftigeren Sprache, dem aggressiveren Verhalten und dem Konkurrenzdenken der Jungen schlechter zurechtkommen und dies zu weniger Gymnasialempfehlungen für Jungen führt

Einen großen Einfluss auf Entscheidungen innerhalb der Schulorganisation haben die Eigeninteressen im System Schule. Diese Eigeninteressen dienen der Abgrenzung von anderen Schulformen, zur Sicherung des Bestandes und der finanziellen Zuschüsse. Institutionelle Entscheidungen, wie die Umwandlung in Werkrealschulen oder Gesamtschulen oder Schulschließungen, beeinflussen die Wahrscheinlichkeit auf eine bestimmte Schule zu gehen, weitaus mehr, als die zuerst angenommene, veränderte Leistungsfähigkeit. Dies hat zur Folge, dass bei Bestandsbedrohungen von weiterführenden Schulen Werbekampagnen für Eltern durchgeführt werden, oder „die Grundschule" Entscheidungen trifft, mit dem Wissen der strukturellen Notwendigkeiten der Organisation Schule. *GOMOLLA/ RADTKE* beziehen diesen Sachverhalt auf ausländische Kinder, doch ist ein Transfer dieser Aussage durchaus auch für die geschlechtsspezifische Beurteilungen denkbar (vgl. 2002, 127ff). So wird ein Junge auf eine Sonderschule empfohlen und bei struktureller Notwendigkeit des Erhalts einer Hauptschule, erhält der gleiche Junge eine Hauptschulempfehlung.

Ein strukturelles Problem im deutschen Schulsystem ist der Homogenitätswunsch, also der Wunsch nach ähnlichen Kompetenzen und Verhaltensweisen innerhalb der Schule bzw. der Klassenverbände und die dadurch notwendige Selektion, mit der Folge der Segregation. Dabei sind nicht unbedingt die Lehrkräfte das Problem, sondern die Funktionsmechanismen im Schulsystem, die eine solche Homogenität als Ziel für einen am besten funktionierenden Unterricht beinhaltet und durch Selektionsverfahren zu erreichen sucht (vgl. TILLMANN, 156f). Die notwendige Selektion führt dazu, dass Jungen diskriminiert werden und somit keine Geschlechtshomogenität der Klassen erreicht wird. Zwar wirken auf den ersten Blick die Klassen auch an den Gymnasien paritätisch (geschlechtsheterogen) belegt, doch wird dies, aufgrund der geringeren Anzahl von Gymnasialempfehlungen von Jungen, nur durch ein größeres Einzugsgebiet aus dem die Schüler herangezogen werden, erreicht.

Als Erklärung für eine möglicherweise schlechtere Förderung von Jungen kommt für *Schröder* auch in Betracht, dass leistungsschwache Jungen häufiger als leistungsschwache Mädchen, verhaltensauffällig werden und diese Jungen damit das Maß des schulisch „sozial Verträglichen" für die Lehrkräfte schneller überschreiten. Er erklärt damit, dass Jungen seit Jahrzehnten an Schulen für Lernbehinderte erheblich überrepräsentiert sind, dort aber im Durchschnitt höhere Intelligenzwerte aufweisen, als Mädchen (vgl.

SCHRÖDER 2000, 104f). Dies könnte auch eine Erklärung für die hohe Jungenquote der Umschulungen in Förderschulen sein. Zusätzlich ist zu bedenken, dass sich die Verhaltensauffälligkeiten von Mädchen und Jungen unterschiedlich zeigen und damit erst eine einseitige Bewertung möglich ist. In meiner 15 jährigen Berufspraxis zeigte sich, dass bei Konflikten im schulischen Kontext von Mädchen eher verbale Gewalt angewendet wird, wohingegen Jungen häufiger mit körperlicher Gewalt reagieren. Die Bewertung von Lehrerkräften führt, da das eine sozial verträglicher als das andere ist, bei körperlicher Gewalt schneller zu Sanktionen, Stigmatisierung und im weiteren Verlauf zum Schulausschluss. Aus diesen Erfahrungen ergibt sich für mich ein weiterer Ansatz für das schlechte schulische Abschneiden von Jungen. Den Schulen gelingt es kaum, für die Kombination eines leistungsschwachen Schülers gepaart mit dem Überlegenheitsdenken aus einer überlegenheitsfordernden männlich geprägten Sozialisation, adäquate Hilfsangebote bereitzustellen, die angenommen werden können. Lehrkräfte erlernen in ihre Ausbildung wenig pädagogische Mittel, um solche Jungen zu motivieren und ihre, durch negatives Handeln geprägte, Antischulhaltung in erneute Lernanstrengungen umzulenken. Daraus ergeben sich folgende Punkte zur Korrektur:

1. Die Erweiterung der Lehrerausbildung auf sozialpädagogische Bereiche.

2. Die vermehrte Einstellung von Schulsozialarbeiter und Schulpsychologen.

3. Die gesellschaftliche Veränderung der Erwartungshaltung an die männliche Leistungsfähigkeit

Der Vergleich mit skandinavischen Ländern ist nicht das „Allheilmittel" und aufgrund der anderen geschichtlichen Entstehungsentwicklung, nicht einfach auf das deutsche, aus anderen Traditionen und Entwicklungen heraus entstandene Schulsystem übertragbar. Trotzdem lohnt sich ein Vergleich mit dem Blick auf Inklusion, um wichtige, grundlegende Ansatzpunkte zur Veränderung erkennen zu können.

Nachfolgend macht ein tabellarischer Vergleich die prägnantesten Unterschiede zwischen dem skandinavischen und dem deutschen Schulsystem deutlich:

Skandinavische Länder	Deutschland
Inklusion aller Schüler, auch Lernbehinderter und Schüler mit Erziehungsschwierigkeiten.	Segregation in dreigliedriges System. Zusätzliche Segregation von Lernbehinderten und Verhaltensauffälligen.
Personal übernimmt Verantwortung für den Lernerfolg aller Schüler.	Problemschüler bleiben sitzen oder werden an andere Schulen überwiesen.
Schule orientiert sich an der Stärke der Schüler.	36% der Schüler erleben Zurücksetzung durch Sitzenbleiben oder erzwungenen Schulwechsel.
Heterogene Klassen normal. Heterogenität positiv genutzt.	Homogenste Schülergruppe. Heterogenität wird als Problem betrachtet.
Standards als Mindeststandards für alle.	Jede Schulform eigene Kernlehrpläne.
Noten sehr spät und als Orientierung und Diagnosemittel. Abschlussprüfung verbaut keine Bildungsweg	Noten frühzeitig als Mittel zur Selektion und zur Berechtigung zum Verbleib.
Große Investition in der Grundschule.	Größte Investition in Gymnasien
Pflichtgesamtschule bis zur 9. oder 10. Klasse. Lange Interventionsmöglichkeit.	Grundschule bis 4. Klasse. Selektion in unterschiedlichste Schulformen ist für den Leistungsunterschied verantwortlich
90er Jahre Schulsystem gründlich überarbeitet	UNSCO-Empfehlung von Salamanca (1994) ignoriert

(vgl. RATZKI, 36f, eigene Darstellung)

Ergänzend zu diesem skandinavisch-deutschen Vergleich zeigt die schulische Struktur in Kanada ein ähnliches Bild. Auch hier wird auf heterogene

Klassen, die alle intellektuellen, sozialen und sprachlichen Fähigkeiten umfassen, Wert gelegt. Dieser integrative Ansatz im Gesamtschulsystem wird durch Sonderpädagogen in der Schule unterstützt. Bemerkenswert ist, dass die Ganztagsschule nicht nur für Schüler, sondern auch für Lehrer verpflichtend ist. Durch die ganztägige Anwesenheit der Lehrkräfte wird die Trennung zwischen Vormittagsunterricht vs. der Nachmittagsbetreuung aufgelöst und zusätzlich die Mischung der unterschiedlichsten Lernaktivitäten gefördert (vgl. TILLMANN, 170f). Inklusion an deutschen Schulen bedeutete bisher, Inklusion wird auf eine einzelne Gruppe, in einem Teilbereich der Lebenswelt, oder durch einzelne Maßnahmen zu erreichen versucht. An einer Schule wird die Inklusion für Migranten gefördert, an einer anderen Schule die Inklusion für Behinderte in den Vordergrund gestellt. Vollinklusion in der Schule würde aber bedeuten, dass wirklich jeder Schüler (Migranten, beide Geschlechter, Behinderte, Verhaltensauffällige, usw.), gestützt durch ein Gesamtkonzept das auf alle Schulen angewendet wird, die Möglichkeit zum permanenten Unterricht an ein und derselben Schule erhalten kann. Für Jungen, die langsam aber sicher eine Teilexklusion aus dem Schulsystem erleben, wäre es ein großer Schritt in Richtung Ende der Selektion.

Auch nach Abschaffung der Grundschulempfehlung wird die Selektion fortgesetzt werden. Die Diskriminierung ist aus den Köpfen nicht verschwunden, sie erfolgt weiter in Bewertungen an der weiterführenden Schule und dies auch wieder bezogen auf das Geschlecht. Mädchen haben eine höhere Wahrscheinlichkeit, als gymnasial tauglich eingestuft zu werden, als Jungen. In der Dreigliedrigkeit des Systems liegt mittlerweile möglicherweise ein Bildungsnachteil für Jungen. Sie werden weniger häufig für das Gymnasium empfohlen und haben im Fall einer unguten Leistung in der Hauptschule zusätzlich Nachteile, da dort schlechte, weibliche wie männliche, Schüler weniger gefordert werden (vgl. HINZ/ GROß, 220). Demnach ist das deutsche, dreigliedrige System eine *„optimale Konstruktion, wenn man möglichst große Ungleichheit produzieren will."* (MÜLLER, 19), bezogen auf das Geschlecht, aber auch soziale Herkunft oder Migration.

Das gute Ergebnis der Schweiz in den Vergleichsstudien belegt aber, dass es nicht nur an dem selegierenden, mehrgliedrigen Schulsystem liegen kann. In Schweizer Schulen werden trotz einem stark gegliederten Schulsystem, sehr gute Ergebnisse erzielt (vgl. PEEK/ NEUMANN, 131). Gerade deshalb sollten Erklärungs- und Veränderungsansätze auf eine breite und tiefe Basis gelegt werden, bevor eine umfangreiche Umstrukturierung geplant wird.

5. Fazit

Der Geschlechterwechsel, von den schulisch benachteiligten Mädchen in den 50iger und 60iger Jahren, zu den heute benachteiligten Jungen, wurde in den letzten Kapiteln deutlich. Der Umgang mit diesen Erkenntnissen ist geprägt durch Nichtbeachtung und Stillschweigen aufgrund des, in den vergangener Jahrzehnten in den Köpfen verankerten und heute unantastbaren, Bildes des benachteiligten weiblichen Geschlechts. Die Daten und Erfahrungen zeichnen ein anderes Bild, das nicht nur in der Soziologie, sondern auch in der Politik und vor allem in der Schule selber, offen diskutiert werden sollte, denn ein Wandel im festverankerten schulischen System zeichnet sich zwangsläufig ab. Die Zuwüchse an Gymnasien werden seit Jahren größer. In Baden-Württemberg sind es mittlerweile 40% der Schüler die auf ein Gymnasium wechseln. Die zukünftige Entwicklung ohne Grundschulempfehlungen ist in der Stadt Nürtingen (Kreis Esslingen) schon jetzt deutlich sichtbar. Dort gehen 59% der Fünftklässler auf ein Gymnasium und nur noch 9,5% auf die Werkrealschule (BERGER 2013, 25). Die neuen Gesamtschulen, meist umgewandelte Hauptschulen, scheuen sich, Zahlen zu veröffentlichen, aus denen hervorgeht welche Schulempfehlung die aufgenommenen Schüler hatten, aus Angst nur Auffangbecken für Hauptschüler zu werden und somit eine Gesamtschule ad absurdum zu führen.

Diese zwei Beispiele zeigen, dass das Bildungssystem sich bereits zwischen dem drei- und zweigliedrigen System bewegt. Erst die Einführung der Werkrealschulen und dann der Ausbau der Gesamtschulen zeigen die Notwendigkeit zum strukturellen geplanten Wandel im Schulsystem, bevor sich das System autopoietisch verändert. Deutlich wird dies besonders an der prognostizierten Entwicklung der Schülerzahlen von 2008 bis 2026. Es wird eine Verringerung der Schüler im Sekundarbereich I von 9% und im Sekundarbereich II von 15% erwartet (vgl. AB 2010 H4.2-1A, 323). Durch die ungleiche Verteilung auf die Schularten und den zukünftigen massiven Rückgang der Schülerzahlen ist eine weitreichende Umstrukturierung zwangsläufig notwendig. Bei dieser Umstrukturierung muss der Fokus auf der geschlechtsspezifischen Ungleichheit gelegt werden, um die Benachteiligung von Jungen nicht auszuweiten.

Bisher werden viele Einzel- oder Parallelmaßnahmen, vor allem von Schulen die um ihr Überleben kämpfen, ohne Gesamtkoordination initiiert. Gymnasien wollen ihren Status als „Eliteschule" festigen und sind seit den letzten Jahren auch die meist wachsende Schulart. Anstatt ein komplett neues System zu überdenken, werden die verschiedensten Machtinteressen berücksichtigt.

In Baden Württemberg wurden 87 Anträge für Gesamtschulen (Gemeinschaftsschulen) für die kommenden zwei Jahre genehmigt. Es sollen alle drei Züge vereint werden, doch kommen die Anträge hauptsächlich von Hauptschulen. Gesamtschulen werden die Diskriminierung nicht abschaffen, aber können, bei einer richtigen Gesamtumsetzung mit der Beteiligung aller Schulen, die Folgen für die Lebenschancen der Jungen mildern (vgl. STUTTGARTER ZEITUNG 04.02.2013, online).

Der strukturellen Deprofessionalisierung der Lehrerschaft durch die weitgehende Auslagerung von Problemschülern, sollte einer Ausweitung der Lehrerausbildung entgegengesetzt werden, um dem Bedarf einer komplett neuen integrativen Gesamtschule gerecht zu werden. Die alte Logik: Lehrkräfte müssen von nicht-unterrichtlichen Aufgaben und Problemen entlastet werden, um sich den eigentlichen Aufgaben, dem Frontalunterricht mit willigen Schülern in einer homogenen Klasse, zuwenden zu können (vgl. DU BOIS-REYMOND, 219), sollte einer neuen Logik weichen: Lehrkräfte können den Umgang mit verhaltensauffälligen, lernschwachen oder sogar behinderten Schülern (inkl. ADHS, Aspergersyndrom, sozialer unreife), als integrativen und fachlich notwendige Aufgabe sehen. Für diesen Wandel, in eine echte Inklusion aller Schüler, muss eine Lehrkräfteprofessionalisierung im sozialpädagogischen und psychosozialen Bereich errelcht werden, die außer der schulischen Bildung, auch die kulturelle, soziale und physische Bildung der betreffenden Schüler beinhaltet. Dies ist nicht allein mit erweiterter Lehrerausbildung zu erreichen, sondern erfordert eine Neustrukturierung des gesamten Schulsystems. Dabei können die skandinavischen Länder, mit ihrer Umstrukturierung besonders in den 90er Jahren und auch die fehlende Selektionspraxis in Kanada, als Beispiel dienen. Doch müssen zum einen die Veränderungen an deutsche Besonderheiten angepasst werden und zum anderen das in den Köpfen veranderte selektive, homogene Bildungssystem, sich hin zu einem allumfassenden integrativen fördernden Schulsystem wandeln.

Besonders die Anwesenheitspflicht des Lehrpersonals in ihrer Gesamtarbeitszeit an der Schule wird, bei Lehrkräften sicher sehr umstritten sein, doch gilt es auch hier, tradierte Festlegungen und Handlungen zum Wohle, besonders der fördernotwendigen (männlichen) Schüler, zu hinterfragen. Ein erster Schritt könnte die zertifizierte Anerkennung der Mehrsprachigkeit bei Kindern mit Migrationshintergrund sein. Dadurch könnte die Situation für ca.12% der männlichen Schüler (bei einem deutschlandweiten Anteil von ca. 25% Schüler mit Migrationshintergrund), verbessert werden. Die häufig vorhandene Zweitsprache erfolgreich und anerkannt einsetzen zu können, würde sicher zu einer Steigerung der Gesamtmotivation führen und nicht nur den Jungen zu Gute kommen.

In Deutschland werden ansatzweise die Möglichkeiten der integrativen Gesamtschuleschulen bzw. Gemeinschaftsschulen mit ihren flexibleren Übergängen und Fördermöglichkeiten mit längeren Interventionszeiten und Fördermöglichkeiten zum Vorteil der Jungen genutzt, doch fehlt durch die länderhoheitlichen Bestimmungen ein übergreifendes Gesamtkonzept. Um ein solches Gesamtkonzept erstellen zu können, sind weitreichende, auch geschlechtsspezifische Forschungsarbeiten notwendig, um zu klären, welche unterschiedlichen herausfordernden Angebote, bzw. schulische Organisationsstrukturen Jungen benötigen, um schulisch so erfolgreich zu werden, wie dies Mädchen in den letzten Jahrzehnten geworden sind. Die Forderung, dass es mehr Männer als Erzieher im pädagogischen Bereichen, sei es in Schule oder in Kindertageseinrichtungen, geben soll, wird von Politikern aller Parteien in regelmäßigen Abständen wiederholt, jedoch bleiben die Förderprogramme, um dieses klassische weibliche Berufsbild für Männer, finanziell und in der Wertigkeit der Gesellschaft, attraktiver zu machen, aus.

Einen anderen Ansatz bringt Rainer Werner in die Diskussion. Er fordert von den Jungen ein Lernen von weiblichen Tugenden, um mit den Anforderungen der expandierenden Dienstleistungsgesellschaft, mit dem Schwerpunkt auf kommunikative Kompetenz, soziale Intelligenz, Kreativität, Moderationsfähigkeit und Kompromissbereitschaft, erfolgreich sein zu können (WERNER 2012, online). Dabei stellt sich die Frage, ob sich Jungen nur weiter anpassen und weibliche Tugenden annehmen müssen, oder ob die gezielte Förderung und die Vermeidung von institutioneller Diskriminierung als Veränderungsmöglichkeit angezeigt sind. Die Antwort auf diese Frage wird in beiden Bereichen zu finden sein. Die Anpassung an immer neue

Forderungen des Arbeitssystems macht vor Jungen nicht halt, trotzdem sollte es nicht nur bei einer einfachen Forderung an die Jungen bleiben, sondern ihnen müssten auch die Steine der institutionellen Diskriminierung aus dem Wege geräumt werden, um diese Anpassungsleistungen erfüllen zu können. Gerade weil die Ursachen für den Vorsprung im schulischen Erfolg von Mädchen weiterhin umstritten sind - es werden geschlechtsspezifische Sozialisation, angeborene Differenzen oder geschlechtsspezifische Förderung vorwiegend weiblicher Lehrkräfte angeführt (vgl. HINZ/GROß, 208) - müssen auf der Suche nach Lösungsmöglichkeiten zu einer sinnvollen Umstrukturierung und Neugestaltung, alle Thesen einbezogen werden.

Inwieweit der Einfluss des identischen Habitus von Lehrkräften (oder speziell auf weibliche Lehrkräfte bezogen) ein ähnliches Wahrnehmungs- und Bewertungsmuster gegenüber Jungen zur Folge hat, ob dies ein auf Mädchen angepasstes Schulsystem mitverursacht und in welchem Maß es sich auf die Benachteiligung von Jungen auswirkt, wäre eine weitere zu untersuchende These.

6. Tabellen

6.1 Lehrkräftebestand 2010 in Voll- und Teilzeitbeschäftigung nach Geschlecht in Prozent

	männlich	weibliche	Abweichung von der Parität
Baden-Württemberg	34,9	65,1	15,1
Bayern	34,6	65,4	15,4
Berlin	26,6	73,4	23,4 +
Brandenburg	19,6	80,4	30,4 ++
Bremen	34,3	65,7	15,7
Hamburg	33,2	66,8	16,8
Hessen	33,6	66,4	16,4
Mecklenburg-Vorp.	17,8	82,2	32,2 ++
Niedersachsen	32,6	67,4	17,4
Nordrhein-Westfalen	31,8	68,2	18,2
Rheinland-Pfalz	33,4	66,6	16,6
Saarland	38,6	61,4	11,4
Sachsen	20,7	79,3	29,3 ++
Sachsen-Anhalt	18,5	81,5	31,5 ++
Schleswig-Holstein.	31,4	68,6	18,6
Thüringen	20	80	30 ++
Deutschland	29,8	70,2	20,2
Alte Bundesländer	32,7	67,3	17,3
Neue Bundesländer	19,7	80,3	30,3

(Quelle: Statistisches Bundesamt 2011, 428f, eigene Berechnung)

6.2 Absolventen 2010 nach Abschlussarten und Geschlecht in Prozent

	Abschlussart	männlich	weiblich	Abweichung von der Parität	Summe beider Differenzen
Baden-Württemberg	ohne Abschluss	60,8	39,2	10,8	17,2
	Hauptschulabschluss	56,4	43,6	6,4	
Bayern	ohne Abschluss	62	38	12	20 +
	Hauptschulabschluss	58	42	8	
Berlin	ohne Abschluss	59	41	9	14,7
	Hauptschulabschluss	55,7	44,3	5,7	
Brandenburg	ohne Abschluss	63,8	36,2	13,8	32,5 ++
	Hauptschulabschluss	68,7	31,3	18,7	
Bremen	ohne Abschluss	61,9	38,1	11,9	16,3
	Hauptschulabschluss	54,4	45,6	4,4	
Hamburg	ohne Abschluss	57,8	42,2	7,8	14,6
	Hauptschulabschluss	56,8	43,2	6,8	
Hessen	ohne Abschluss	61	39	11	18,9
	Hauptschulabschluss	57,9	42,1	7,9	
Mecklenburg- Vorpommern	ohne Abschluss	61,2	38,8	11,2	21,2 +
	Hauptschulabschluss	60	40	10	
Niedersachsen	ohne Abschluss	63	37	13	23,3 +
	Hauptschulabschluss	60,3	39,7	10,3	
Nordrhein-Westfalen	ohne Abschluss	59,6	40,4	9,6	17,3

	Hauptschulabschluss	57,7	42,3	7,7	
Rheinland-Pfalz	ohne Abschluss	63,5	36,5	13,5	22,4 +
	Hauptschulabschluss	58,9	41,1	8,9	
Saarland	ohne Abschluss	60,6	39,4	10,6	17,1
	Hauptschulabschluss	56,5	43,5	6,5	
Sachsen	ohne Abschluss	60,3	39,7	10,3	20,6 +
	Hauptschulabschluss	60,3	39,7	10,3	
Sachsen-Anhalt	ohne Abschluss	59,7	40,3	9,7	20,1 +
	Hauptschulabschluss	60,4	39,6	10,4	
Schleswig-Holstein	ohne Abschluss	61,2	38,8	11,2	18,7
	Hauptschulabschluss	57,5	42,5	7,5	
Thüringen	ohne Abschluss	60,9	39,1	10,9	19,3 +
	Hauptschulabschluss	58,4	41,6	8,4	
Deutschland	ohne Abschluss	61	39	11	18,8
	Hauptschulabschluss	57,8	42,2	7,8	
Alte Bundesländer	ohne Abschluss	61,1	38,9	11,1	18,8
	Hauptschulabschluss	57,7	42,3	7,7	
Neue Bundesländer	ohne Abschluss	60,6	39,4	10,6	18,9
	Hauptschulabschluss	58,3	41,7	8,3	

(Quelle: Statistisches Bundesamt 2011, 277-279, eigene Berechnung)

7. Literatur

ARTELT, Cordula/ BAUMERT, Jürgen/ JULIUS-McELVANY, Nele/ PE-SCHAR, Jules (2004): Das Lernen lernen – Voraussetzungen für lebensbegleitendes Lernen. Ergebnisse von PISA 2000. OECD

http://www.mpib-berlin.mpg.de/Pisa/LearnersForLife_GER.pdf

AUERHEIMER, Georg (Hrsg.)(2009): Schieflagen im Bildungssystem. Die Benachteiligung der Migrantenkinder. 3. Auflage. Wiesbaden.

AUTORENGRUPPE BILDUNGSBERICHTERSTATTUNG (2012): Bildung in Deutschland 2012 - Ein indikatorengestützter Bericht mit einer Analyse zur kulturellen im Lebenslauf. Bielefeld. (Abgerufen 21.01.2013)

http://www.bildungsbericht.de/zeigen.html?seite=10203

AUTORENGRUPPE BILDUNGSBERICHTERSTATTUNG (2010): Bildung in Deutschland 2010 - Ein indikatorengestützter Bericht mit einer Analyse zu Perspektiven des Bildungswesens im demographischen Wandel. Bielefeld. (Abgerufen 22.01.2013)

http://www.bildungsbericht.de/zeigen.html?seite=8400

AUTORENGRUPPE BILDUNGSBERICHTERSTATTUNG (2008): Bildung in Deutschland 2008 - Ein indikatorengestützter Bericht mit Analyse zu Übergängen im Anschluss an den Sekundarbereich I. Bielefeld.

BAETHGE, Martin (2011): Neue soziale Segmentationsmuster in der beruflichen Bildung.

In: KRÜGER, Heinz-Hermann/ RABE-KLEBERG, Ursula/ KRAMER, Rolf-Torsten/ BUDDE, Jürgen(Hrsg.) (2011): Bildungsungleichheit revisited. Bildung und soziale Ungleichheit vom Kindergarten bis zur Hochschule. Wiesbaden.

BECK, Ulrich (1986): Risikogesellschaft. Auf dem Weg in eine andere Moderne. Frankfurt/Main

BERGER, Wolfgang (2013): In zwei Hauptschulen geht das Licht aus.

In: STUTTGARTER ZEITUNG vom 01.02.2013. S.25.

BOIS-REYMOND, Manuela (2011): Chancen und Widerständiges in der Ganztagsbildung. Fallstudie Niederlande.

In: KRÜGER, Heinz-Hermann/ RABE-KLEBERG, Ursula/ KRAMER, Rolf-Torsten/ BUDDE, Jürgen(Hrsg.) (2011): Bildungsungleichheit revisited.

Bildung und soziale Ungleichheit vom Kindergarten bis zur Hochschule. Wiesbaden.

BSJB - Behörde für Schule, Jugend und Berufsbildung, Amt für Schule (1996): Aspekte der Lernausgangslage und der Lernentwicklung. Bericht über die Erhebung im September 1996 (LAU 5). Hamburg.
http://bildungsserver.hamburg.de/contentblob/2815702/data/pdf-schulleistungstest-lau-5.pdf

BURZAN, Nicole (2009): Soziale Ungleichheit. Ein Überblick über ältere und neuere Ansätze. Studienreader. Hagen

BUDDE, Jürgen/ SCHOLAND, Barbara/ FAULSTICH-WIELAND, Hannelore (2008): Geschlechtergerechtigkeit in der Schule. Eine Studie zu Chancen, Blockaden und Perspektiven einer gender-sensiblen Schulkultur. Weinheim und München.

GEORG, Werner (Hrsg.) (2006):Soziale Ungleichheit im Bildungssystem. Eine empirisch-theoretische Bestandsaufnahme. Konstanz.

GOGOLIN, Ingrid (1994): Der monolinguale Habitus der multilingualen Schule. Münster.

In: AUERHEIMER, Georg (Hrsg.)(2009): Schieflagen im Bildungssystem. Die Benachteiligung der Migrantenkinder. 3. Auflage. Wiesbaden.

GOMOLLA, Mechthild / RADTKE, Frank-Olaf (2002): Institutionelle Diskriminierung. Die Herstellung ethnischer Differenz in der Schule. Opladen.

GOMOLLA, Mechthild (2009): Fördern und Fordern allein genügt nicht! Mechanismen institutioneller Diskriminierung von Migrantenkindern im deutschen Schulsystem.

In: AUERHEIMER, Georg (Hrsg.)(2009): Schieflagen im Bildungssystem. Die Benachteiligung der Migrantenkinder. 3. Auflage. Wiesbaden.

HINZ, Thomas/ GROß, Jochen: Schulempfehlung und Leseleistung in Abhängigkeit von Bildungsherkunft und kulturellem Kapital.

In: GEORG, Werner (Hrsg.) (2006):Soziale Ungleichheit im Bildungssystem. Eine empirisch-theoretische Bestandsaufnahme. Konstanz.

KLIEME, Eckhard (Hrsg.): PISA 2009 - Eine Bilanz nach einem Jahrzehnt.
http://www.dipf.de/de/pdf-dokumente/aktuelles/presseinformationen
/PISA_2009_Zusammenfassung.pdf

LAVY, Victor (2004): Do Gender Stereotypes Reduce Girls` Human Capital Outcomes? Evidence from a Natural Experiment. NBER Working Paper Nr. 10.678, August 2004. Cambridge, MA,USA.

http://www.nber.org/papers/w10678.pdf?new_window=1

MÜLLER, Walther (2004): Bildung und soziale Ungleichheit.

In: GEORG, Werner (Hrsg.) (2006):Soziale Ungleichheit im Bildungssystem. Eine empirisch-theoretische Bestandsaufnahme. Konstanz.

RATZKI, Anne: Skandinavische Bildungssysteme-Schule in Deutschland. Ein provokanter Vergleich.

In: AUERHEIMER, Georg (Hrsg.)(2009): Schieflagen im Bildungssystem. Die Benachteiligung der Migrantenkinder. 3. Auflage. Wiesbaden.

PEEK, Rainer/ NEUMANN, Astrid : Schulische und unterrichtliche Prozessvariablen in internationalen Schulleistungsstudien.

In: AUERHEIMER, Georg (Hrsg.)(2009): Schieflagen im Bildungssystem. Die Benachteiligung der Migrantenkinder. 3. Auflage. Wiesbaden.

STATISTISCHES BUNDESAMT (2011): Bildung und Kultur-Allgemeinbildende Schulen. Fachserie 11 Reihe 1, Wiesbaden.

https://www.destatis.de/DE/Publikationen/Thematisch/BildungForschungKultur/Schulen/Allg
emeinbildendeSchulen2110100117004.pdf?__blob=publicationFile

ORTER, Rolf (1995): Kindheit.

In: OERTER, Rolf/ MONTADA, Leo: Entwicklungspsychologie. Ein Lehrbuch. Weinheim: (S.249-309)

SCHREIBER-KITTLE, Maria / SCHRÖPFER, Haike (2002): Abgeschrieben? Ergebnisse einer empirischen Untersuchung über Schulverweigerer. Reihe: Übergänge in Arbeit (Buch 2). München.

SCHRÖDER, Ulrich (2000): Lernbehindertenpädagogik. Grundlagen und perspektiven sonderpädagogischer Lernhilfe. Stuttgart

STUTTGARTER ZEITUNG 04.02.2013: 87 gehen im Schuljahr 2013/14 an den Start. (Abgerufen: 08.02.2013)

www.stuttgarter-zeitung.de/inhalt.gemeinschaftsschulen-87-gehen-im-schuljahr-2013-14-an-
den-start.25fabaf6-3a0d-4e46-a3d2-b76cbc1515e2.html

TILLMANN, Klaus-Jürgen: Viel Selektion- wenig Leistung. Ein empirischer Blick auf Erfolg und Scheitern in deutschen Schulen.

In: LIEBAU, Eckart/ ZIRFAS, Jörg (Hrsg.) (2008): Ungerechtigkeit der Bildung – Bildung der Ungerechtigkeit. Opladen& Farmington Hills.

WERNER, Rainer (13.07.2012): Was die Jungen von den Mädchen lernen müssen.

In: DIE WELT. Online (Abgerufen 23.02.13)

http://www.welt.de/debatte/kommentare/article108273139/Was-die-Jungen-von-den-Maedchen-lernen-muessen.html

BEI GRIN MACHT SICH IHR WISSEN BEZAHLT

- Wir veröffentlichen Ihre Hausarbeit,
  Bachelor- und Masterarbeit

- Ihr eigenes eBook und Buch -
  weltweit in allen wichtigen Shops

- Verdienen Sie an jedem Verkauf

Jetzt bei www.GRIN.com hochladen
und kostenlos publizieren